P.U ＜24+　＞019
この does ニンテンドー (ゲーム)

P.U <No. 1>066

P.U　<No: 1A>064
えひめ 06本末　21441-4 05〈ひょうし〉

P.U <12A+ >069

P.U 〈お花見〉
〈No.15〉072
（Ν Ν+++ υι くυっ〉

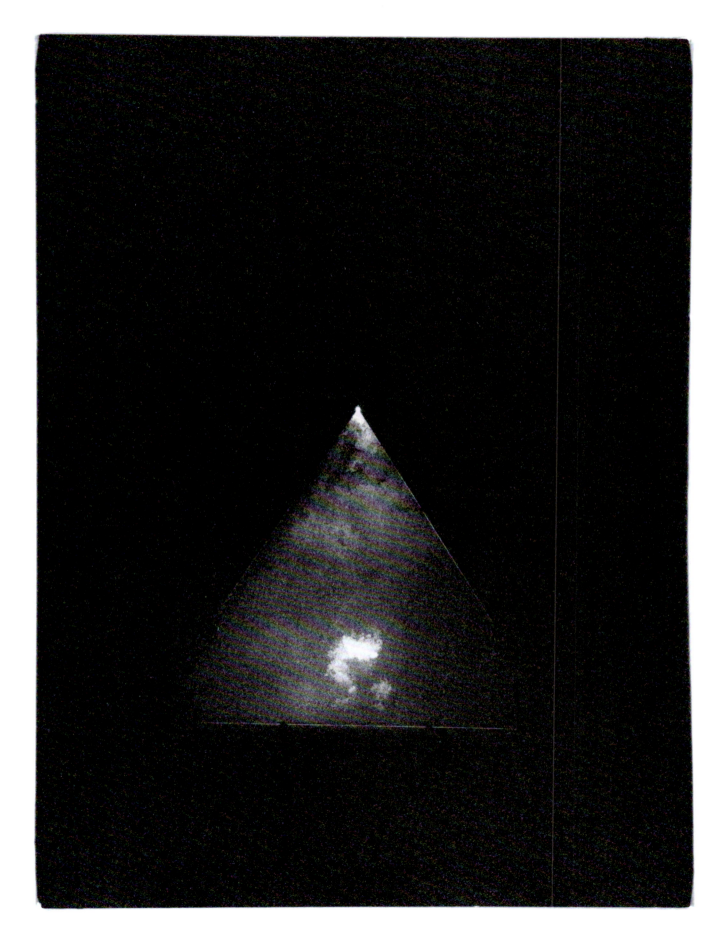

P.U ぜん 〈No.294〉082
ぜん ぜんぶ に にすう〜3 ぶぶ 〈ぜんぶ〉

P.U <No.29>090

P.U　　＜No.31(A)＞088
うらの おもて　に かけーる てい くひろう

P.U　<No.19A>006
J28 88米　N N キ ジ キ 2 4 つ 〈せぶる〉

P.U <No.31A>009
ぷう Nintei33くだうさ?

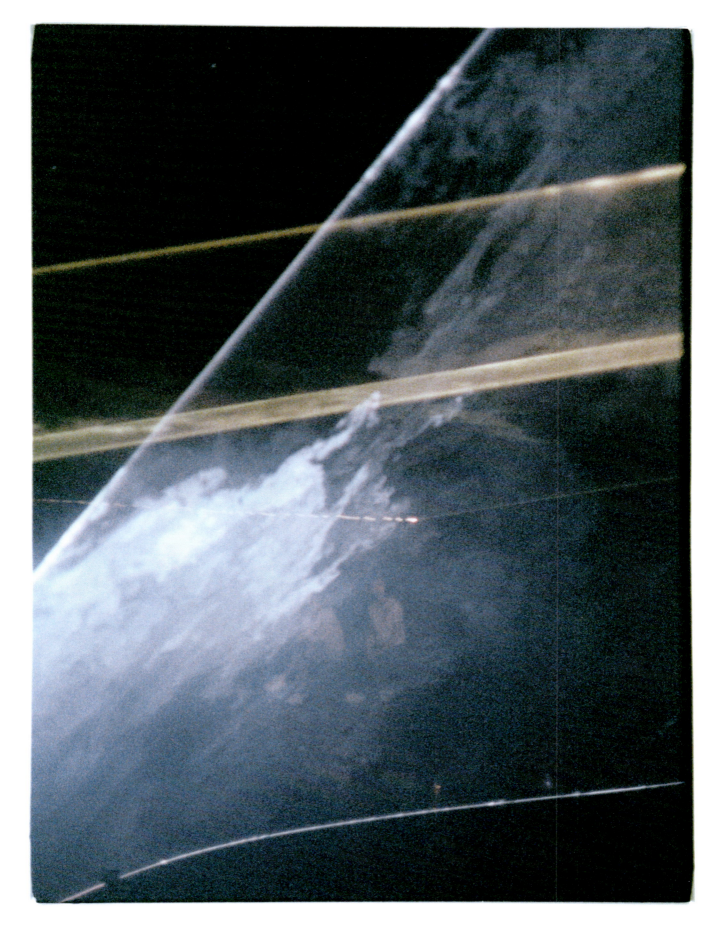

P.U 〈No.32A〉011

Photographs   Hanayo
Design   Yuichi Kuroda / LAD MUSICIAN
Thanks   Renzo Masuda   Tomohiro Suzuki   Chérubim   AL   KiKi inc.

First published in Japan, December 2015

Published by LAD MUSICIAN / Flowers Inc.
1-11-6 Tomigaya Shibuya-ku Tokyo 151-0063 Japan
Tel +81(0)3 6903 4215
www.ladmusician.com

Sales and distribution by HeHe
3-3-11 #1101 Ebisu-minami Shibuya-ku Tokyo 150-0022 Japan
Tel & Fax +81(0)3 6303 4042
www.hehepress.com

All rights reserved.

Printed and bound in Japan by Dai Nippon Printing Co., Ltd.

ISBN 978-4-908062-15-5 C0072

© 2015 Hanayo
© 2015 LAD MUSICIAN / Flowers Inc.

Edition of 500 copies